CRISTO E OS APÓSTOLOS

3ª edição

Tradução
Roberto Vidal da Silva Martins

@editoraquadrante
@editoraquadrante
@quadranteeditora
Quadrante

São Paulo
2024

Título original
Die apostel

Copyright © 1992 by Raeber Buecher AG,
Luzern, Suíça

Capa
Gabriela Haeitmann

Dados Internacionais de Catalogação na Publicação (CIP)

Hophan, Otto
 Cristo e os apóstolos / Otto Hophan — 3ª ed. — São Paulo: Quadrante, 2024.

 ISBN: 978-85-7465-708-0

 1. Apóstolos 2. Jesus Cristo - Discípulos I. Título

CDD-225.92

Índice para catálogo sistemático:
1. Apóstolos de Jesus : Cristianismo 225.92

Todos os direitos reservados a
QUADRANTE EDITORA
Rua Bernardo da Veiga, 47 - Tel.: 3873-2270
CEP 01252-020 - São Paulo - SP
www.quadrante.com.br / atendimento@quadrante.com.br

SUMÁRIO

O MESTRE 5

A ESCOLHA 25

A MISSÃO 61

O CUMPRIMENTO 85

A RAINHA 103

O MESTRE

Cristo e os seus discípulos

Jesus Cristo não passa solitário por este mundo. Embora o Altíssimo não precisasse dos homens — *não necessitava do testemunho de homem algum* (Jo 2, 25) —, dignou-se escolher os Apóstolos para que fossem seus companheiros durante a vida e continuadores da sua obra depois da morte. Da mesma forma que o Pai continua a levar a cabo a obra da Criação através dos homens, o Filho quis pô-los a serviço da obra da Redenção.

Não é que Deus Pai e Deus Filho não tenham poder para fazerem por si sós aquilo que fazem por intermédio das criaturas. Deus é comunicação, a sua bondade transborda, e na abundância da sua graça quer que também nós participemos das obras das suas mãos.

Os Apóstolos são luz da luz de Cristo, como Cristo é luz da luz do Pai. Como os planetas recebem a sua luz do sol e por ele são atraídos, assim também esses doze homens brilham graças ao seu Senhor e Mestre e orbitam em torno dEle. Nas primeiras manifestações da arte cristã, nas catacumbas, deparamos já com este círculo formado pelos Doze em torno do Mestre.

O conhecido mosaico de Santa Pudenciana, em Roma, datado entre 390 e 398, mostra-nos os Apóstolos na atitude de quem recebe a doutrina do Mestre que, no meio deles, sentado no alto, lhes comunica os seus ensinamentos. Em Constantinopla, a cúpula maior de

Santa Sofia, a obra mais extraordinária da arte bizantina, mostra-nos também o Senhor na sua Majestade, rodeado pelo cortejo imperial dos seus Doze; Mestre e discípulos estão envolvidos pela mesma auréola brilhante. Cristo e os seus doze arautos destacam-se poderosamente também na gigantesca cúpula de Michelangelo, no Vaticano; vemo-los no preciso momento em que recebem do Mestre o mandato de se espalharem pelo mundo, a fim de erguerem a cristandade à sua passagem, mediante as suas palavras: *Ressoa por toda a terra a sua voz, e a sua palavra chega até os confins do mundo* (Sl 18, 5; cf. Rm 10, 8).

Basta folhear o Evangelho para perceber por que a arte cristã sempre representou o Mestre no meio dos seus discípulos. Nas páginas do Evangelho que nos narram a vida pública de Cristo, encontramos muito poucas ocasiões em que Ele esteja só. Em todos os lugares, no bulício das ruas e na calma das planícies, no Templo e no Cenáculo, no meio do entusiasmo das multidões e do ódio dos seus inimigos, Cristo sempre se encontra rodeado por esses homens, fiéis como a sua sombra, dourados como a sua auréola. Aonde quer que vá, Cristo ver-se-á coroado com a coroa simples desses Doze, e aonde quer que vão os Doze, Cristo apresentar-se-á por trás deles em toda a sua majestade.

Não deixa de ter um profundo significado que a liturgia da Missa invoque o nome dos Doze antes da Consagração, no Cânon Romano (Oração Eucarística I), porque também devem acompanhar o Mestre na sua passagem eucarística pelo mundo. Jamais encontraremos Cristo sem os seus Apóstolos, ou os Apóstolos sem Cristo! Da leitura do Evangelho colhemos a impressão de que esses homens eram mais importantes para o Senhor do que as turbas que o assediavam. Ele está como que enraizado e enxertado neles. É preciso percorrer todas as páginas do Evangelho se se quer escrever sobre os Apóstolos.

A vocação dos Apóstolos

A partir do momento em que o Senhor dá início à sua vida pública, vemo-lo relacionar-se com os que haveriam de ser os seus discípulos. Foi depois dos seus trinta anos de vida oculta em Nazaré, imediatamente após os quarenta dias de jejum no deserto. João Batista, o solitário do Jordão, apresenta Cristo aos seus discípulos: *Eis o Cordeiro de Deus*, e quatro ou cinco deles, os melhores, deixam-no para seguir o novo Mestre. O evangelista São João, um deles, relata-nos este alvorecer da sua vocação, este feliz encontro, como ele o considera, na segunda parte do primeiro capítulo do seu Evangelho, numa breve narrativa, palpitante e cheia de frescor como um canto primaveril (Jo 1, 35-42).

O Senhor chamou-os pela segunda vez, de maneira mais firme e duradoura, precisamente um ano depois do encontro no Jordão com os quatro primeiros discípulos: *E eles abandonaram a barca e o pai e o seguiram* (Mt 4, 22). E o terceiro chamamento, a seleção dos Doze dentre o grupo dos discípulos, ocorreu poucas semanas mais tarde, conforme o impressionante relato de São Lucas, depois de o Mestre ter passado uma noite inteira em oração com seu Pai, preparando-se tanto para o Sermão da Montanha como para essa escolha tão transcendental para o Reino de Deus (cf. Lc 6, 12ss.).

Nas entrelinhas da narrativa evangélica sobre a escolha dos Apóstolos, podemos ler claramente as razões fundamentais que o Senhor teve para fazer essa seleção. Em Jerusalém, preparava-se um plano criminoso contra Jesus (cf. Jo 5, 18 e Lc 6, 11). Por outro lado, na Galileia, ia engrossando de tal forma a corrente do povo simples que seguia Cristo, que Ele mesmo se viu obrigado a exclamar, não sem alegria: *A messe é muita e os operários poucos; rogai, pois, ao Senhor da messe que envie operários para a sua messe* (Mt 9, 37-38). Desta maneira, a par da escolha dos Apóstolos, o Evangelho dá-nos a conhecer qual havia de ser a altíssima missão que lhes caberia: ajudar o Senhor na sua messe e prosseguir a sua obra depois da sua morte.

Extraordinário destino este, o de caminharem pela vida lado a lado com o Esperado de todos os povos e serem instrumentos dos planos e mandatos do Mestre divino para a salvação do mundo! O próprio Cristo exclamou certa vez: *Felizes os olhos que veem o que vós vedes. Porque eu vos digo que muitos profetas e reis desejaram ver o que vós vedes, e não viram; e ouvir o que vós ouvis, e não ouviram* (Lc 10, 23-24). Como haviam de ser grandes o conhecimento, a energia e a formação espiritual desses homens que deviam superar os profetas e os reis na visão de Deus!

Doze homens simples

No entanto, os nomes desses escolhidos soam de uma maneira estranha. Não pertenciam às classes sacerdotais de Jerusalém, e não os encontramos nas listas dos sábios de Atenas nem nos anais dos governantes romanos. Muito pelo contrário, os companheiros e auxiliares que o Mestre elegeu eram um punhado de galileus, simples pescadores e trabalhadores, um deles publicano e outro traidor. Chegou-se a sustentar que os Apóstolos já possuíam uma forte personalidade religiosa, mas a verdade é que não passavam de judeus piedosos; apenas João e Paulo deviam ter um conhecimento mais profundo da religião, embora o próprio João, junto com São Pedro, viesse a ser tachado de *homem sem letras e do povo* (At 4, 13) pelo Sinédrio, depois de interrogado.

O próprio Cristo dá graças a seu Pai porque a Revelação *foi manifestada aos pequeninos e ocultada aos sábios e prudentes* (cf. Mt 11, 25). Esta mesma simplicidade espiritual dos seus Apóstolos seria uma salvaguarda para a verdade que Ele havia de confiar-lhes: não a poderiam falsear com pensamentos próprios, mas deixariam que jorrasse singelamente da própria abundância que o Mestre lhes havia comunicado.

É uma eterna maravilha ver como estes homens simples difundiram pelo mundo uma mensagem radicalmente oposta, nas suas linhas essenciais, ao pensamento dos homens do seu tempo e, infelizmente, também ao dos nossos contemporâneos. Como esses pescadores e camponeses da Galileia poderiam ter levado a cabo uma obra tão prodigiosamente universal, se não fosse porque o Mestre ensinava e agia por intermédio deles? O poder e a luz de Cristo resplandecem tanto mais quanto mais miserável era o humilde aspecto dos seus doze mensageiros.

Daqui podemos deduzir como foi grande a carga que os Doze representaram para a alma do Mestre. Repetidas vezes manifesta-se no Evangelho a sua dor pela falta de compreensão daqueles a quem havia de confiar os seus segredos e os sentimentos íntimos do seu coração: *Ainda não refletistes nem entendestes? Ainda tendes o vosso coração obcecado? Tendo olhos, não vedes, e tendo ouvidos, não ouvis?* (Mc 8, 17-18). Nos antigos mosaicos dourados vemos o Senhor sentado, solitário, no meio dos Doze; essa solidão é o trono da sua eminência.

O colégio apostólico

Nas páginas sagradas do Novo Testamento, encontramos quatro relações dos nomes dos doze Apóstolos: nos Evangelhos de Mateus, Marcos e Lucas e nos Atos dos Apóstolos (cf. Mt 10, 1-4; Mc 3, 13-19; Lc 6, 12-16 e At 1, 12-14). João, ao longo do seu Evangelho, refere-se a quase todos os Doze. Paulo, na sua Epístola aos Gálatas, designa Tiago, Cefas e João como colunas da Igreja (cf. Gl 2, 9).

Nas quatro listas encontramos Pedro em primeiro lugar; Filipe, em quinto; Tiago, filho de Alfeu, em nono; e o traidor, em décimo segundo. Os outros nomes trocam de posição, não caprichosamente, mas dentro dos mesmos grupos. André, na lista de Mateus e de

Lucas, encontra-se em segundo lugar, na de Marcos e dos Atos dos Apóstolos em quarto; em todas, porém, está incluído entre os quatro primeiros. Diferem também Mateus, Tomé e Bartolomeu no segundo grupo, e Tadeu e Simão no terceiro. Ou seja, o catálogo dos Doze desdobra-se claramente em três grupos distintos, com os mesmos quatro nomes em cada grupo e o mesmo chefe à cabeça.

No primeiro grupo, encontram-se sempre Pedro, André, Tiago e João. No segundo, Filipe, Bartolomeu, Tomé e Mateus. No terceiro, Tiago, filho de Alfeu, Tadeu, Simão e Judas, o traidor[1].

---

(1) A lista dos Apóstolos no Cânon Romano e na Ladainha de todos os Santos quebra essa distribuição canônica, colocando Tomé e Tiago o Menor (filho de Alfeu) logo depois do primeiro grupo. Tomé pode ter alcançado esta precedência na liturgia por ter sido uma testemunha extraordinária

A ordem dos três grupos parece basear-se na antiguidade da vocação e no grau de confiança com o Senhor. Pelo menos os Apóstolos do primeiro grupo foram os primeiros a serem chamados e aqueles em quem o Senhor mais se apoiou (cf. Mt 4, 18-22). É interessante notar que os "irmãos de Jesus", Tiago o Menor e Judas Tadeu, se encontram no terceiro grupo: não há nepotismo no Evangelho. A posição de cada um deles, e não só a de Pedro, é importante e certamente não se deve ao acaso.

Diversidade de caracteres

Lemos com certa frequência considerações fáceis sobre estes homens,

---

da Ressurreição; e Tiago o Menor, possivelmente graças à sua importante posição na Igreja primitiva — lembremo-nos do título de *coluna da Igreja* que São Paulo lhe dá.

como se fossem todos iguais, sem levar em conta que cada um deles tinha um caráter e um modo de ser diferente dos outros. Mas realmente eram *doze* pessoas, não uma só, nem estavam unificados. As diferenças que pode haver entre doze pessoas em lugar algum se exprimem com mais nitidez do que no caso dos Apóstolos: vemos Pedro, impetuoso, fraco, sanguíneo, e o seu nobre e pacífico irmão, André; Tiago o Maior, ambicioso e forte, e a águia do espírito e do coração, João; Filipe, honrado e prosaico, e o seu prudente amigo Bartolomeu; Mateus, judicioso e experimentado, e Tomé, melancólico e fiel; Tiago o Menor, conservador e asceta, e o seu irmão, o intrépido Tadeu; o veemente Simão Zelote, e o traidor.

Sabiamente, o Mestre não quis encaixar os Doze num esquema ou molde determinado, para deles obter um tipo uniforme de homens piedosos. Pelo contrário, deixou-os a cada um com o seu modo de ser próprio. Pedro continuou a ser Pedro; Filipe, Filipe; Tomé, Tomé. O Senhor não quer uma massa confusa; quer homens. O caso dos Apóstolos prova claramente como Cristo aprecia e exalta a personalidade individual. A plenitude de Cristo e a instauração do seu reinado só haveriam de realizar-se através da distinção e da multiplicidade. Ninguém se bastava a si mesmo, ainda que fosse o primeiro, como Pedro, ou genial, como João. No Reino do Senhor, encontram igualmente o seu lugar e os seus direitos homens como Filipe, o apoucado, e como Simão, o irrefletido; e não apenas estes, mas também Pedro e João e todos os outros, cada um *segundo a medida da graça com que Cristo os dotou [...] para a obra do ministério, para a edificação do corpo de Cristo* (Ef 4, 7.12).

A unidade dos Apóstolos

Apesar dessa diversidade, não se afirma com menos energia a unidade dos Doze. A arte dos primeiros séculos cristãos deixou por desenvolver a personalidade individual de cada um dos Apóstolos, com exceção, talvez, de São Pedro e de São Paulo. Todos vestem a mesma roupa, todos mostram a mesma atitude e o mesmo rosto. É maravilhoso observar o retrato dos Apóstolos na igreja de São Zenão, de Verona: vistos de perto, cada um tem um rosto próprio, mas, contemplados de perfil, parecem uma sucessão de linhas paralelas. A própria Liturgia festejou os doze Apóstolos em conjunto no mesmo dia — provavelmente na oitava da festa de São Pedro — até o século V, ainda que, em algumas igrejas particulares, se tenha começado muito cedo a celebrar as festas particulares de alguns deles. Ainda hoje, seis deles são comemorados aos pares: Pedro e Paulo, Filipe e Tiago, Simão e Judas.

Tudo isto mostra a unidade interior dos Doze: todos eles têm *uma* fé, *uma* mensagem, *um* amor, *um* Senhor. Os Doze apresentavam, é verdade, uma certa uniformidade por causa dos seus vínculos naturais: tinham a mesma pátria, a mesma posição social e até o mesmo sangue; naquele pequeno grupo, encontramos nada menos do que três pares de irmãos e dois pares de amigos íntimos. Mas essa unidade natural, por mais preciosa que fosse, não teria sido suficiente para contrabalançar as diferenças entre os Doze.

Não eram somente as diferenças de temperamento e de caráter que punham em perigo a unidade daquele grupo; mais perigosas eram algumas outras tendências fundamentais. Faziam parte daquele pequeno círculo homens que divergiam profundamente em matéria política e espiritual. Mateus era cobrador de impostos, ligado aos romanos; Simão, como Zelote que era, pertencia provavelmente ao partido nacionalista da liberdade. Tiago o Menor foi o líder e o homem de confiança dos judeus-cristãos; Paulo gloria-se do título de "Apóstolo dos Gentios". Os Doze são ambiciosos e discutem entre si para saber *qual deles seria o maior* (Lc 22, 24; cf. Mt 18, 1; 20, 26; 23, 11). O Mestre uniu as diversas tendências contrárias ou estranhas numa só tarefa e sob a mesma autoridade, e estabeleceu um Primado à cabeça. Mas o vínculo mais forte — mais do que a autoridade — deveria ser o amor. O último mandato do Senhor foi aquela oração: *Que todos sejam um, como tu, Pai, em mim, e eu em ti, que também eles sejam um em nós*

(Jo 17, 20). Desta forma, aqueles doze viriam a ser *os* Doze, aquelas personalidades tão diversas viriam a unir-se num só corpo moral, num Colégio, num grupo fortemente compacto, separado e elevado acima do mundo.

A ESCOLHA

Os "doze"

Todos os Evangelistas ressaltam propositadamente, desde o momento da escolha dos Apóstolos, o número de *doze*. Marcos, como que impressionado com esse pormenor, diz: *E destinou doze para andarem com ele* (Mc 3, 14). "Os Doze" é uma expressão constantemente usada na narrativa evangélica, e sobretudo em Mateus e Marcos encontra-se com mais frequência do que o título "os Apóstolos". Lucas emprega alternadamente as duas formas: "os Doze", em sete lugares, e "os Apóstolos", em outros seis. E os

Atos dos Apóstolos, bem como as Epístolas de São Paulo, demonstram que a expressão "os Doze" já havia adquirido um caráter oficial nos tempos apostólicos. Os próprios Apóstolos mostram-se tão escrupulosos em conservar o número de doze no seu colégio que a sua primeira e mais urgente preocupação, após a Ascensão do Senhor aos Céus, será substituir o décimo segundo, Judas Iscariotes, que se tinha afastado e desertara do grupo.

Aqui surge um problema. Por que deveria conservar-se fechado esse número, como se fosse santo e inviolável? Por que não haviam de ser nem mais nem menos que doze os componentes daquele grupo que vivia em torno de Jesus?

O Mestre escolheu doze por consideração para com Israel, que tinha sido o povo de Deus no Antigo Testamento e nascera dos doze filhos de Jacó: Judá,

Rubem, Gad, Aser; Neftali, Dã, Simeão, Levi; Issacar, Zabulon, José, Benjamim. Estes doze filhos de Jacó eram as raízes, os Patriarcas da casa de Israel, e somente os seus descendentes poderiam orgulhar-se de pertencer ao povo escolhido. A clara intenção de Jesus foi que os seus Doze estabelecessem as raízes do novo povo de Deus; eram a semente, real e simbólica, do novo Israel. Deviam dirigir-se em primeiro lugar e imediatamente aos doze ramos genealógicos de Israel, e não aos povos gentios. Nenhum israelita poderia deixar de ver o profundo significado religioso refletido nesse número: era o reconhecimento dos privilégios de Israel, a sua conversão num novo povo de Deus, o cumprimento das promessas feitas às doze tribos.

Este simbolismo perdeu o seu significado quando Israel tomou a funesta decisão de levantar-se contra Cristo. O número doze não voltou a ser completado porque já não era necessário completá-lo. Depois do martírio de Tiago o Maior, no ano 42, não se realizou uma nova eleição, não só porque Tiago não fora excluído do sagrado colégio — como Judas, que por essa razão teve de ser substituído —, mas porque a missão apostólica se foi estendendo cada vez mais do judaísmo para os gentios, onde já não se sentia a necessidade do simbolismo e dos números para a semeadura do Evangelho. Quando os gentios anunciam a sua entrada na Igreja, a Providência suscita um Apóstolo "extranumerário": São Paulo. Embora não pertencesse aos Doze, era realmente um Apóstolo; a partir daí, os nomes "Doze" e "Apóstolos" deixam de ser equivalentes.

O PRIMADO DA AUTORIDADE

No entanto, seria contrário a Escritura tentarmos explicar a importância dos Doze exclusivamente a partir da história do povo de Deus no Antigo Testamento. Certamente, como Doze, tinham o seu valor simbólico para Israel; por outro lado, porém, considerados como *os* Doze, como colégio compacto e segregado da multidão, apresentam-se como o alicerce do novo Reino de Deus. Os evangelistas ressaltam energicamente, ao tratarem da escolha dos Apóstolos, que o Senhor chamou e promoveu esse grupo, que devia ser o guardião da sua vida e da sua obra, não somente extraindo-o do meio da multidão, mas do meio dos discípulos mais próximos. Em breve trataremos dos extraordinários poderes que Ele confiou aos Doze, e unicamente a eles. Interessa-nos agora a posição singular que ocuparam, distinta da de todos os outros discípulos de Cristo, e superior à deles. Aqui, neste *numerus clausus*, manifesta-se já que o Reino de Cristo é um conjunto de membros coordenados e subordinados entre si, ou seja, uma hierarquia.

A própria Sagrada Escritura nos mostra a posição preeminente e a supremacia dos Doze no Reino de Deus. O Mestre dirige-se, certa vez, a esses honrados pescadores e camponeses para dizer-lhes estas palavras nunca ouvidas: *Em verdade vos digo que, no dia da regeneração, quando o Filho do homem estiver sentado no trono da sua glória, vós, que me seguistes, também estareis sentados sobre doze tronos e julgareis as doze tribos de Israel* (Mt 19, 28). No Apocalipse, João contempla absorto e extático o Reino perfeito de Deus, a Jerusalém celeste; e o que é que vê? *O muro da cidade tinha doze fundamentos, e neles estavam gravados os doze nomes dos doze Apóstolos do Cordeiro* (Ap 21, 14).

Quer dizer, estes doze homens simples e fiéis, tal como a Sagrada Escritura os apresenta, não são um mero cortejo que seguisse determinado Rabi notável, nem uns mensageiros circunstanciais que haveriam de levar a mensagem de Cristo a Israel. São mais do que isso: são os alicerces do Reino de Deus. São os príncipes dos povos. São os juízes do mundo. São os Pais que nos geraram para Cristo. São as doze estrelas que brilham sobre a cabeça da Igreja. São os doze rios que saem do Paraíso e retornam ao Paraíso. Nada nem ninguém, a não ser o Senhor, teria podido elevar esses homens a tão alta posição.

Impressiona-nos a frase com que o Evangelho refere a vocação dos Apóstolos: *Chamou os que Ele mesmo quis*

(Mc 3, 13). É possível que, dentre a multidão e o grupo dos discípulos, muitos se tivessem mostrado decididos a segui-lo, mas o Senhor rejeitou-os e chamou somente aqueles em cuja fronte brilhava a luz da vocação divina. *Tu mos deste* (Jo 17, 6), exclama Jesus, reconhecido, na sua oração sacerdotal; e ao mesmo tempo adverte os Doze: *Não fostes vós que me escolhestes, mas eu que vos escolhi* (Jo 15, 16).

Os Apóstolos estavam tão profundamente persuadidos de que somente o Senhor poderia tê-los separado para uma dignidade tão elevada, que, no momento em que se tratou de substituir o traidor, não se atreveram a tomar essa decisão por si mesmos, mas suplicaram a Deus: *Mostra-nos qual destes dois escolheste* (At 1, 24). Da mesma forma, quando Paulo e Barnabé foram igualmente chamados ao apostolado, a sua escolha não se deveu a uma decisão puramente humana: *Disse-lhes o Espírito Santo: Separai-me Barnabé e Saulo para a obra a que os destinei* (At 13, 2). Ora bem, se a Sagrada Escritura testemunha que esta seleção e promoção se basearam na vontade de Cristo e no sopro do Espírito Santo, haveremos nós de considerá-las como uma simples instituição humana ou como um mero organismo espiritual? O próprio Evangelho nos mostra um corpo hierárquico no Colégio Apostólico.

O PRIMADO DO SACRIFÍCIO

Mas passemos a uma segunda consideração. Esses doze não foram selecionados e colocados acima dos outros somente para ocuparem uma posição de honra, mas também de sacrifício. Era uma hierarquia de duro serviço! Ao contemplarmos nos velhos mosaicos dourados os tronos dos doze Apóstolos, não podemos esquecer os seus suores, os seus sofrimentos e o seu martírio, a parte que lhes coube em sorte durante a sua vida terrena. Pedro, em certa ocasião, confiava candidamente ao Senhor: *Eis que abandonamos tudo e te seguimos* (Mt 19, 27). Tudo! A pátria e o lar, a família, a mulher e os filhos, as barcas à beira do mar azul, a liberdade e a independência. E o que lhes foi dado em troca? O Senhor disse-o sem rodeios: *Far-vos-ão comparecer diante dos tribunais, e açoitar--vos-ão nas sinagogas. Sereis odiados de todos por causa do meu nome. Quando, porém, vos perseguirem numa cidade, fugi para outra. Se ao pai de família chamaram Belzebu, quanto mais aos seus familiares!* (Mt 10, 16ss.).

Ninguém aprofundou tanto o portentoso problema da existência apostólica como Paulo, o maior dos Apóstolos:

Entendo que Deus nos trata a nós, apóstolos, como aos últimos dos homens, como se estivéssemos destinados à morte, porque somos dados em espetáculo ao mundo, aos anjos e aos homens. Nós, néscios por Cristo, vós, sábios em Cristo; nós fracos, vós fortes; vós nobres, nós desprezíveis. Até esta hora, passamos fome, sede, estamos nus, somos esbofeteados, não temos morada certa, cansamo-nos a trabalhar com as nossas próprias mãos; amaldiçoam-nos e bendizemos; perseguem-nos e sofremos; somos blasfemados e rogamos; tornamo-nos como a imundície deste mundo, a escória de todos até agora (1 Cor 4, 9ss.).

Quem pode elevar o homem de tão profundos abismos a tão grandes alturas? Quem pode colocar tão fortemente a mão sobre o homem que este deixe de pertencer-se? Quem pode lançar-lhe sobre os ombros uma carga tão pesada que toda a sua vida se vergue debaixo do seu peso? Enorme carga e enorme dignidade, enorme júbilo e enorme amargura, que somente Um pode impor aos homens: Jesus Cristo, o Mestre. Só Ele tem o poder e só Ele dá a força, nesta vocação para os cumes e para o abismo da hierarquia do apostolado.

A formação dos apóstolos

FORMAÇÃO VIVA

O evangelista Marcos dá como principal fundamento da seleção dos Doze a razão já citada: *E destinou doze para andarem com ele* (Mc 3, 14). Esta comunidade de vida com o Mestre não era uma particularidade especial da escola de Jesus. O Talmud prescreve expressamente aos estudantes judeus a convivência pessoal com o mestre.

Os orientais, que têm um conceito mais imediato da vida do que os europeus, consideram que a educação através do trato pessoal com o mestre tem muito mais valor do que uma simples aula, depois da qual se fecham os livros e mestre e discípulos seguem cada um o seu caminho. "Não se aprende a lei ao ouvir o mestre, mas ao ver como a cumpre." "Mesmo que alguém conheça toda a Escritura e a Mischná, se não chegou a ser servo do seu mestre, é ainda um *am-ha-arez*, um néscio."[1]

Esta íntima comunidade de vida era, e é, de particular importância e necessidade no caso do divino Mestre Jesus Cristo. O seu ensinamento presta-se menos ainda do que qualquer outro a ser aprendido teoricamente; é preciso vivê-lo e aprendê-lo pela vida. Porque o

---

(1) *Berajot*, 47.

cristianismo não é um programa, mas uma Pessoa. O próprio Jesus disse de si: *Eu sou o caminho, a verdade e a vida* (Jo 14, 6); Ele não é somente a verdade que se deve aprender, mas também, e sobretudo, o caminho que se deve seguir e a vida que se deve viver. Não era suficiente que os Doze, destinados a serem os seus mensageiros, enviados ao mundo inteiro, escutassem a sua pregação; deviam "andar com ele", desde o brilho da aurora até as sombras do crepúsculo, quando os caminhos se enchem de paz e o mar silencioso se acalma; desde o risonho começo da sua obra, passando pelo ardor e pelo peso da luta, até a hora das trevas, quando já ninguém pode trabalhar.

Eles deviam ser o seu círculo íntimo no meio da multidão sufocante, o seu amparo fiel diante dos inimigos, o seu último consolo na angústia da morte.

Não havia palavra que não devessem ouvir: *O que vos disse ao ouvido, pregai-o sobre os telhados* (Mt 10, 27). Nenhum milagre deveria passar-lhes despercebido, não deviam deixar de ver uma única das suas lágrimas ou um único dos seus sorrisos. Sempre, sempre estiveram ao lado do Mestre: nas fadigas do apostolado, tão grandes que mais de uma vez *não tinham tempo nem mesmo para comer* (Mc 6, 31); nas horas tranquilas do descanso, quando Ele lhes confiava os segredos do Reino (cf. Mc 4, 11); nas caminhadas extenuantes sob um sol de bronze, quando chegavam a sentir-se tão famintos que iam comendo as espigas colhidas junto ao caminho (cf. Mt 12, 1ss.); no Templo, quando nas mãos de Cristo fulguravam os açoites como raios do céu; no Cenáculo, onde escutaram dos seus lábios umas palavras de amor mais doces do que tudo o que tinham ouvido até então; e por fim no Horto das Oliveiras, e um — pelo menos um! — no Calvário.

Que felicidade estar sempre com o Senhor! Com que intimidade se confiavam a Ele, como a um pai, como a um amigo, quase como à sua própria alma! Conheciam-no pelo seu nobre porte, pelo cálido tom da sua voz, pela sua maneira de partir o pão. Sentiam-se inundados de luz e estremeciam de alegria quando os seus olhos profundos pousavam sobre eles e a sua voz lhes vibrava nos ouvidos. Enrubesciam quando os repreendia pela pobreza do seu espírito, e, quando os corrigia, baixavam os seus rostos curtidos pelos anos como crianças apanhadas em falta. Preocupavam-se com Ele quando o viam cansado, e beijavam-lhe a fronte, com a desajeitada cortesia masculina, quando subia à barca para descansar.

Sentiam-se profundamente impressionados quando lhes falava da sua Paixão. Amavam o seu Mestre; seguiam-no não somente por quererem aprender a sua doutrina, mas sobretudo porque o amavam.

Os Doze consideravam esta íntima união com o Mestre uma preparação tão essencial para o apostolado que, ao substituírem o traidor, estabeleceram como condição única e indispensável: *Destes varões que têm estado em nossa companhia todo o tempo em que o Senhor Jesus viveu entre nós, começando desde o batismo de João até o dia em que foi arrebatado dentre nós, convém que um deles seja constituído testemunha conosco da sua ressurreição* (At 1, 21-22). Paulo é certamente um grande Apóstolo e, sob alguns aspectos, o maior de todos, e ele também teve de ser escolhido e doutrinado imediatamente por Jesus.

Apesar disso, faz notar que, à diferença dos outros, não mamou o leite do Evangelho. A que alturas não teria chegado se tivesse podido conviver *todo o tempo* com a santa humanidade de Cristo, como os outros!

A imagem do Mestre ficou indelevelmente impressa na alma dos Doze. Mesmo que tivessem podido esquecer todas as palavras ditas por Ele, jamais esqueceriam quem Ele fora. Pedro resume maravilhosamente toda a vida de Jesus numa simples frase: *Passou pela terra fazendo o bem* (At 10, 38). E João, iluminado ainda pelo sol da sua distante juventude evangélica, escreve: *E as trevas não tiveram parte nele* (1 Jo 1, 5). Jamais encontraram no seu Mestre a menor sombra, a mais leve contradição, o mais insignificante ponto morto. Sempre e em todo o lugar foi para eles o modelo, o verdadeiro Mestre.

Todos os seus ensinamentos foram dados por meio da sua própria vida: *Aprendei de mim, que sou manso e humilde de coração* (Mt 11, 29).

Formação doutrinal

A doutrina, no entanto, teve importância fundamental na educação dos Doze. A própria vida em comum com Jesus se orientava para essa finalidade. É impressionante considerar como o Logos divino, em quem residem todos os tesouros da sabedoria e da ciência, desvendou a esses homens os segredos de Deus, velados desde toda a eternidade, da mesma forma que o sol derrama o seu resplendor sobre os cumes desta terra miserável. Todo o mestre, em contato com os seus discípulos, corre o risco de ver o seu pensamento diminuído, diluído ou adulterado, já que o discípulo o recebe à sua maneira e não à maneira do seu mestre. Como pôde o Mestre introduzir na inteligência rude e estreita daqueles pescadores e camponeses da Galileia o tesouro das suas ideias, sem que eles o amesquinhassem ou obscurecessem?

Foram três os grandes pensamentos que quis imprimir neles em primeiro lugar.

Antes de tudo, a fé no *caráter espiritual* da sua missão. João Batista, de cujos discípulos quatro ou cinco pertenciam aos Doze, já fizera um trabalho prévio, duro, mas proveitoso. Instruídos por ele e subjugados pela personalidade de Jesus, saúdam o Senhor, logo no seu primeiro encontro, como se estivessem inspirados: *Mestre, tu és o Filho de Deus, tu és o rei de Israel* (Jo 1, 49). Mas esse mesmo conhecimento embrionário e elementar demonstra-nos a necessidade que tinham de uma instrução mais elevada e ampla. Os Doze veem certamente em Jesus o Messias, mas sem conseguirem despojá-lo do valor simbólico que a expectativa judaica lhe atribuía. Seria necessária uma penosa e longa educação para que chegassem a compreender que o seu Mestre não era o herói e o campeão político-nacional com que os judeus sonhavam — o "Rei de Israel"! —, mas um Messias espiritual, em quem resplandecia a própria divindade. O primeiro resultado positivo foi conseguido por Cristo em Cesareia de Filipe. Abandonado pela multidão e também por alguns dos discípulos, por não dar ouvidos às suas exigências, Jesus recebeu de Pedro a confissão sobre a sua missão espiritual: *Tu és o Cristo*; e a seguir, pressentindo o profundíssimo mistério da sua divindade, o Apóstolo acrescentou: *o Filho do Deus vivo* (Mt 16, 16).

Muito mais dura e difícil era a tarefa de elevar esse conhecimento a *compreensão da Cruz*, de conduzir a fé no Messias espiritual até a fé no Messias sofredor. O próprio Pedro opunha-se angustiadamente à ideia dos sofrimentos do Messias, e com não menor veemência Cristo defendia a necessidade e a glória da sua Paixão (cf. Mt 16, 21ss.). A terrível doutrina da dor estaria, desde então, incessantemente presente nos lábios do Mestre. No entanto, embora estivessem no terceiro ano dessa escola da dor, quando caminhavam já em direção a Jerusalém, *eles nada disto compreendiam; as suas palavras eram obscuras para eles, e não entendiam coisa alguma do que lhes dizia* (Lc 18, 34). Os Doze não puderam chegar a compreender o escândalo da Cruz durante a vida mortal do Senhor; se a tragédia da Sexta-Feira Santa não chegou a desarraigar totalmente a fé que possuíam, abalou-a ao menos tão profundamente que somente o conhecimento e a certeza da gloriosa Ressurreição e Ascensão do Senhor e a vinda do Espírito Santo devolveram a segurança às suas almas.

Este ensinamento caminha paralelamente ao do *Reino de Deus*. Aqui era preciso superar os mesmos obstáculos. Como todo o povo, os Doze esperavam ardentemente um grandioso reino judaico que os libertasse do jugo dos invasores romanos. Discutiam e brigavam ambiciosamente pelos primeiros postos dentro dele. Mesmo quando se dirigiam para o monte da Ascensão, continuavam ainda a importunar o Senhor com sentimentos nacionalistas: *Senhor, é agora que vais restabelecer o reino de Israel?* (At 1,6). Diante dessas ideias infantis, o Mestre não cessava de pregar o seu Reino espiritual, a Igreja, que se ergueria após a dissolução da sinagoga; a Igreja universal, que se estenderia até os confins da terra; a árvore nascida da menor das sementes, que cresceria a ponto de as aves da terra virem aninhar-se nela (cf. Mt 13, 32). Que mestre pôde ensinar doutrinas tão elevadas, ter discípulos tão incultos, usar de tanta paciência, e no entanto chegar a resultados tão belos?

Formação apostólica

Ao longo do tempo que passou com eles, Cristo foi entremeando a instrução doutrinal sobre o Messias e o seu Reino com a formação dos Doze para a missão que lhes iria confiar. O Sermão da Montanha, embora pronunciado diante da multidão, estava especialmente dirigido aos discípulos (cf. Lc 6, 20). *Vós sois o sal da terra, a luz do mundo, a cidade situada sobre um monte* (Mt 5, 13ss.).

São Mateus resume a pregação de Cristo sobre a formação apostólica no capítulo décimo do seu Evangelho, que bem poderia chamar-se os "dez mandamentos do Apóstolo de todos os tempos", e que deveria ser a "Magna Carta" de todos os enviados do Senhor aos homens, um código de valor eterno em todas as suas palavras, válido para todos os tempos e todas as circunstâncias.

O primeiro mandamento — *suprema lex!* — para os Doze é a *preocupação* pelo bem espiritual e corporal dos homens: *Pregai, dizendo: Está próximo o reino de Deus. Curai os enfermos, ressuscitai os mortos, limpai os leprosos, expeli os demônios.*

O segundo mandamento é a *generosidade: Dai de graça o que de graça recebestes.*

O terceiro é o *desprendimento: Não queirais trazer nos vossos cintos nem ouro, nem prata, nem dinheiro, porque o operário é digno do seu sustento.*

O quarto é a *constância: Em qualquer cidade ou aldeia em que entrardes, informai-vos se há nela alguém digno de vos receber, e ficai ali até que vos retireis.*

O quinto é o *amor à paz: Ao entrardes numa casa, saudai-a dizendo: Paz a esta casa.*

O sexto é a *prudência: Sede prudentes como as serpentes e simples como as pombas. Acautelai-vos dos homens.*

O sétimo é a *confiança: Não vos preocupeis pela maneira com que haveis de falar, nem pelo que deveis dizer, porque naquela hora vos será inspirado o que haveis de dizer. Até os próprios cabelos da vossa cabeça estão todos contados.*

O oitavo é a *fortaleza de ânimo: Não julgueis que vim trazer a paz, mas a espada.*

O nono é o *espírito de sacrifício*: *Quem ama o seu pai ou a sua mãe mais do que a mim não é digno de mim.*

E o décimo, por fim, é a *perseverança*: *Quem perseverar até o fim será salvo.*

Estes são os dez mandamentos do Apóstolo, e esta é, em resumo, a doutrina fundamental do Mestre para os apóstolos de todos tempos.

Após a defecção de alguns discípulos, que se produziu na sinagoga de Cafarnaum (cf. Jo 6, 60ss.), um ano antes da sua morte, o Senhor dedicou-se quase incessantemente à formação dos seus Doze. O ódio crescente dos fariseus e escribas contra Jesus deixava-os numa posição delicada, colocados entre o seu Mestre e as autoridades religiosas.

Um episódio que ocorreu pouco depois de Cristo ter repreendido duramente a hipócrita observância externa da Lei por parte dos fariseus, manifesta-nos até que ponto os Apóstolos estavam impressionados com esse tenso relacionamento: *Aproximando-se dele os seus discípulos, disseram-lhe: Sabes que os fariseus se escandalizaram ao ouvirem essas palavras?* (cf. Mt 15, 1-12). Foi uma tarefa duríssima para o Senhor libertar o espírito simples e piedoso dos seus discípulos da sedução que exerciam sobre eles os seus guias espirituais, sem minar o respeito que deviam a autoridade: *Observai, pois, e fazei tudo o que eles vos disserem; mas não imiteis as suas ações* (Mt 23, 3).

Na contenda com os fariseus que nasceu dessa sua atitude, o Mestre pronunciou os seus oito terríveis anátemas contra os falsos guias religiosos (cf. Mt 23):

— pela sua *hipocrisia*: *Dizem e não fazem*;

— pelo seu *desprezo pelos homens*: *Atam cargas pesadas e impossíveis de levar e as põem sobre os ombros dos homens, mas nem com um dedo as querem levantar,*

— pela sua *ânsia de honrarias: Gostam dos primeiros lugares nos banquetes e das primeiras cadeiras nas sinagogas, de serem saudados nas praças e de serem chamados mestres pelos homens;*

— pela sua *dureza de coração: Fechais o reino dos céus aos homens, pois nem vós entrais nem deixais que entrem os que estão fora;*

— pelas suas *artimanhas: Dizeis: Se alguém jurar pelo templo, isso não é nada; mas se jurar pelo ouro do templo, fica obrigado. Estultos e cegos! Que vale mais: o ouro ou o templo que santifica o ouro?;*

— pela *exterioridade da sua santidade: Pagais o dízimo da hortelã, do endro e do cominho, e desprezais os pontos mais graves da lei: a justiça, a misericórdia e a lealdade;*

— pela sua *falsidade*: *Limpais o copo e o prato por fora, mas por dentro estais cheios de rapina e de imundície*;

— pela sua *contumácia*: *Acabai de encher a medida dos vossos pais. Serpentes, raça de víboras! Como escapareis à condenação do inferno?* (Mt 23).

Estas amargas imprecações tiveram indubitavelmente um forte valor pedagógico para os Doze. Ao condenarem os guias religiosos do Antigo Testamento, constituíam uma severa advertência para que os Apóstolos — e, com eles, os escolhidos de todos os tempos — conhecessem o perigo que eles próprios corriam e ganhassem consciência da sua dignidade mais alta. Se, ao confiar-lhes a missão de evangelizar, o Mestre lhes expusera os fundamentos positivos da sua formação, nestes anátemas resume-lhes, como num código penal, o limite negativo da sua conduta.

O capítulo décimo do Evangelho de São Mateus é, para todos os que pertencem ao número dos "Doze", o mais brilhante espelho das virtudes apostólicas; o capítulo vigésimo terceiro é a primeira e mais completa lista dos defeitos que devem evitar.

FORMAÇÃO NOS MISTÉRIOS SOBRENATURAIS

A educação dos Doze chegou ao seu momento culminante no Cenáculo, com o discurso de despedida de Cristo. Não se podem considerar as suas emocionadas palavras (cf. Jo 13-17) sem sentir a respiração suspensa e tirar as sandálias, como Moisés diante da sarça ardente. Dali brotam as fontes mais ricas e profundas da teologia cristã, que nunca chegará a esgotar todos os mistérios que o Mestre, naquela hora solene da sua despedida, confiou aos Doze: o círculo da vida divina do Pai pelo Filho ao Espírito Santo; o transbordar dessa vida sobre o mundo; o retorno da Criação pelo Filho até à sua origem, que é o Pai. *Crede em mim: eu estou no Pai e o Pai está em mim* (Jo 14, 11). *Saí do Pai e vim ao mundo; outra vez deixo o mundo e vou para o Pai* (Jo 16, 28). *Pai, quero que, onde eu estou, estejam também aqueles que me deste* (Jo 17, 24).

Nessas últimas horas dos três anos de formação, o Senhor pôde enfim reconhecer: *Estes conheceram que tu me enviaste* (Jo 17, 25). Poderia esperar-se que, com essas palavras, se encerrasse o ciclo formativo dos Doze; mas o Mestre acrescentou a seguir: *Dar-lhes-ei a conhecer o teu nome, a fim de que o amor com que me amaste esteja neles, e eu neles* (Jo 17, 26). Com efeito, mal ressoou, jubiloso, o primeiro aleluia pascal, o Senhor retomou a instrução dos Doze na glória e na majestade da sua Ressurreição, e por esse motivo retardou amorosamente a sua volta ao Pai por mais quarenta dias. *A eles se manifestou vivo, depois da sua paixão, com muitas provas, aparecendo-lhes por quarenta dias e falando do reino de Deus* (At 1, 3), porque era justamente essa mensagem, a da sua Ressurreição, que eles teriam de levar ao mundo inteiro. Lucas faz a seguinte observação acerca desses quarenta dias repletos de mistério: *Abriu-lhes o entendimento para que compreendessem as Escrituras* (Lc 24, 45). Nesses dias, o Mestre deu com certeza aos Doze muitas instruções que permanecem escondidas sob o precioso texto do Novo Testamento, e o próprio João finaliza o seu Evangelho manifestando numa imagem popular a impossibilidade de refletir nas suas páginas todo o curso da vida de Jesus (cf. Jo 21, 25).

Mas nem mesmo depois da sua Ascensão o Senhor abandonou a educação dos Doze. Dos seus próprios ensinamentos, fê-los passar para a escola superior do Espírito Santo. Durante aquela solene alocução na Última Ceia, Jesus interrompeu-se a certa altura: *Tenho ainda muitas coisas a dizer-vos, porém vós não as podeis compreender agora. Mas quando vier sobre vós o Espírito de verdade, ele vos instruirá sobre toda a verdade. Ele vos ensinará todas as coisas e vos recordará tudo o que vos tenho dito* (Jo 16, 12; 14, 26).

O que Jesus havia ensinado aos Doze era como a semente depositada num campo seco e não adubado; tinham visto tudo, escutado todas as suas palavras, mas não tinham apreendido o seu significado. Agora, sob a direção e a ação fecundante do Espírito Santo, a semente adormecida germinará em douradas e esplêndidas colheitas: a maravilha tangível de Pentecostes é o coroamento da formação dos Doze. Esses homens, que ainda no dia da Ascensão propunham tão ingênuos problemas ao seu Mestre, convertem-se de repente em mestres das nações. Quem poderia esperar de Pedro, imediatamente depois da vinda do Espírito Santo, uma oração tão clara, tão fundamental, tão valente, tão oportuna? O Espírito de Deus, na abundância da sua sabedoria e do seu poder, tinha elevado aqueles pobres espíritos humanos às alturas da visão divina.

A MISSÃO

Missão e poder dos Apóstolos

O Mestre escolheu os Doze, não somente para tê-los ao seu lado, mas também para enviá-los a pregar (cf. Mc 3, 14). O fim para o qual tinham sido escolhidos e formados era o apostolado, e o Senhor tinha presente essa finalidade no momento em que os separou do meio da multidão e até do círculo mais íntimo dos seus discípulos, para que fossem os pregadores oficiais da sua mensagem. Lucas chega a afirmar que o Senhor lhes deu o título de *enviados* (Lc 6, 13), que mais tarde se expressaria mediante a palavra grega *apóstolos* — de *apostellein*, enviar —, expressão nascida na comunidade helênica, provavelmente em Antioquia, por ocasião da primeira pregação de Paulo e Barnabé. O certo é que já o Senhor nomeara e reconhecera os Doze como seus "enviados".

No Antigo Testamento, a expressão "enviar" designava uma missão recebida diretamente de Deus. E quando no Novo Testamento se dá aos Doze o título de "enviados", de "apóstolos", é porque eles são os legítimos representantes da Pessoa de Cristo, continuadores da sua obra, portadores oficiais da sua mensagem. É de notar que São Marcos, no seu Evangelho, emprega apenas uma única vez o termo "apóstolo", precisamente para designar os Doze depois da sua primeira missão (cf. Mc 6, 30): os Doze são Apóstolos na medida em que são enviados.

Os Evangelhos de Mateus e João também mencionam uma só vez esse título (cf. Mt 10, 2 e Jo 13, 16). No de Lucas, pelo contrário, surge seis vezes, e nos Atos dos Apóstolos nada menos do que vinte e oito, pois no tempo a que os Atos se referem os Doze já trabalhavam no mundo como enviados do seu Mestre. Nas Epístolas de São Paulo, o nome é mencionado vinte e nove vezes, mas Paulo amplia o significado do termo, atribuindo-o não somente a si mesmo e aos Doze, mas também aos seus colaboradores Andrônico e Júnia, Timóteo e Silvano (cf. Rm 16, 7 e 1 Ts 2, 7), e a todos os pregadores do Evangelho (Ef 4, 11 e 1 Cor 12, 28). Delineia-se assim o seguinte problema: o apostolado é um ministério ou um dom? Traz consigo um poder e uma autoridade, ou é apenas um título?

No Evangelho, dá-se o nome de Apóstolos somente aos Doze. Também os setenta e dois discípulos foram enviados, e certamente pelo próprio Jesus, e no entanto nenhum evangelista, nem mesmo Lucas, os chama "Apóstolos". Conforme o sentir do Evangelho, não basta, pois, que exista uma missão. Esta deve trazer a marca de um poder e de um encargo atribuídos pelo Mestre aos Doze, e unicamente a eles.

Por sua vez, São Paulo defende legitimamente o seu apostolado como verdadeiro: embora não pertença aos Doze, goza da mesma autoridade e poder, recebidos diretamente do próprio Cristo, não durante a sua vida mortal, mas depois de o Senhor ter ressuscitado e subido aos céus. Esta defesa, contudo, prova-nos precisamente que, para Paulo, existe uma diferença substancial entre apóstolo e "Apóstolo". Nenhum dos seus adversários teria negado que ele era um apóstolo no sentido em que ele mesmo aplicava esse nome aos seus colaboradores. O motivo pelo qual os seus inimigos o combatiam era porque pretendia que o seu apostolado estava na mesma linha do dos Doze. Somente Paulo e, talvez, Barnabé recebem juntamente com os Doze, nos Atos dos Apóstolos, o título de "Apóstolo" no sentido genuíno e estrito da palavra, não só por terem sido enviados, mas por ter sido o próprio Senhor a enviá-los de modo direto e a revesti-los com os máximos poderes.

Estes poderes são também o sinal decisivo que permite distinguir entre "Apóstolo" e "apóstolo". Qualquer batizado pode chegar a ser apóstolo no sentido amplo e abrangente do vocábulo, se se entregar a Cristo para levar a sua mensagem aos homens. É assim que se exprimem, não somente São Paulo e a *Didaquê* (cf. Did 11, 1), um dos documentos eclesiásticos mais antigos, mas nós mesmos, quando distinguimos entre "Apóstolos" e "varões apostólicos". Mas, em sentido próprio, só são apóstolos os homens a quem o Mestre confiou, junto com a missão, a *exusía*, o poder. Ou seja, o apostolado em sentido estrito e próprio não é apenas um carisma, mas um poder; não é só um título, mas uma dignidade e um cargo de autoridade. O próprio São Paulo põe a missão apostólica no mesmo plano que a dos profetas do Antigo Testamento: *Vós fostes edificados sobre o fundamento dos Apóstolos e dos Profetas, tendo por pedra angular o próprio Jesus Cristo* (Ef 2, 20).

Ide por todo o mundo...

O Evangelho refere duas missões apostólicas. A primeira ocorreu aproximadamente no meio da vida pública de Jesus. São Mateus descreve-nos a situação espiritual do povo naquele momento: *Vendo as multidões, Jesus compadeceu-se delas, porque estavam fatigadas e abatidas como ovelhas sem pastor* (Mt 9, 36). E o Senhor, na sua misericórdia, quis multiplicar o seu pão e a sua palavra por meio dos seus Apóstolos. A voz dos Doze serviria de eco e amplificaria as palavras do Batista: *Está próximo o reino dos céus* (Mt 10, 7).

Esta primeira missão foi confiada aos Apóstolos com prudentes precauções. Esses vigários do Mestre, ainda marinheiros de primeira viagem, deveriam enfrentar a sua prova apostólica sob a vigilância do bondoso olhar do seu Senhor, muito perto dEle e longe do tumulto do mundo. *Não vades para o meio dos gentios, nem entreis nas cidades dos samaritanos. Ide antes às ovelhas perdidas da casa de Israel* (Mt 10, 5). Ao limitar-lhes desta forma o campo de atuação, o Senhor cumpria também as promessas que tinham sido feitas ao povo escolhido.

Esta primeira missão foi limitada também quanto ao tempo. Teria sido incoerente enviar os Doze para que se dedicassem plenamente à pregação, quando para eles ainda era tempo de aprender e não de ensinar sem assistência alguma. Com efeito, não demoramos a encontrá-los novamente reunidos em torno do Senhor, prestando-lhe contas do que tinham feito e ensinado (cf. Mc 6, 30), e aguardando cheios de expectativa, como alunos em época de exames, o juízo do seu Mestre bom e sábio.

Por fim, também os poderes que o Mestre lhes confiou nessa primeira viagem foram limitados e não diferiram muito dos concedidos aos setenta e dois discípulos: a difusão das suas palavras e, como preparação, a prova dos milagres.

Tendo partido, pregavam a penitência, expulsavam inúmeros demônios, ungiam com óleo muitos enfermos e curavam-nos das suas enfermidades (Mc 6, 12-13; cf. Lc 9, 6).

Se o trabalho dos Doze se tivesse concluído com essa única missão, poderíamos afirmar que foram "Apóstolos", enviados do Senhor, somente naquele momento. Mas tal ideia é inverossímil em si mesma. O coração do Senhor, repleto de graça e de amor, de compaixão e de misericórdia, não podia deter-se nas ovelhas perdidas da casa de Israel. A sua compaixão ultrapassava Israel e voltava-se para todo o vasto mundo, desorientado e perdido nas trevas, pois Ele é o Salvador do mundo.

Com efeito, o Evangelho não foi promulgado unicamente para a salvação de Israel, mas para a salvação de toda a humanidade. O próprio Jesus o expressou claramente logo nos primeiros passos da sua vida pública: *Virão muitos do Oriente e do Ocidente e sentar-se-ão com Abraão, Isaac e Jacó no reino dos céus* (Mt 8, 11); e na parábola dos convidados às bodas, mostra-os vindo das ruas e praças da cidade e dos caminhos e veredas dos campos (cf. Lc 14, 21-23). Ser-nos-ia difícil e prolixo reunir todas as passagens em que Jesus estende a sua ação a todo o orbe e ao futuro, saltando as barreiras do seu tempo e do seu povo. À repetida afirmação de que Jesus falava como se o fim do mundo fosse iminente, iludindo-se e iludindo os seus Apóstolos com essa consoladora esperança, é preciso contrapor as suas palavras categóricas: *Este Evangelho do reino será pregado por todo o mundo, para servir de testemunho a todas as nações; e então chegará o fim* (Mt 24, 14).

Quem se encarregaria de levar o seu Evangelho a todas as nações do mundo? Os seus leais seguidores, os Apóstolos. Enviá-los-ia pela segunda vez, agora não só ao povo de Israel, mas ao mundo inteiro. Não por um período de quinze dias, mas para sempre. Não só para difundir as suas palavras e milagres, mas também o seu sangue e a sua graça.

Foi-me dado todo o poder no céu e na terra. Ide, pois, ensinai todos os povos, batizando-os em nome do Pai, do Filho e do Espírito Santo, e ensinando-os a observar todas as coisas que vos mandei. Eu estarei convosco todos os dias até ao fim do mundo (Mt 28, 16ss.), disse Jesus aos onze que reuniu no monte da Galileia, depois da sua Ressurreição. Momentos de impressionante grandeza! Uns minutos mais tarde, o Senhor ergueria a sua mão pela última vez para abençoá-los, e o seu corpo clarificado pela Ressurreição subiria para o Pai.

Como poderia Jesus afastar-se de nós sem tomar alguma medida, sem se preocupar conosco? Não nos restariam dEle senão as pobres pegadas dos seus pés, impressas, segundo a lenda, na pedra da qual se elevou aos céus? Não! Vejamos até que ponto o mundo era objeto da sua grande preocupação: deposita o seu amor e o seu poder naqueles homens que, enviados por Ele, chegarão aos confins da terra.

Dentre os quatro evangelistas, São Mateus é quem nos narra o mandato do Mestre com mais vigor e beleza. Mas, mesmo que essa passagem não tivesse chegado até nós, ainda nos restariam os relatos dos outros três, que nos permitem igualmente conhecer a última vontade do Senhor. Diz São Marcos: *Disse-lhes*: *Ide por todo o mundo*, *pregai o Evangelho a toda a criatura* (Mc 16, 15). E São Lucas: *...E que em seu nome se pregasse a penitência e a remissão dos pecados a todas as nações, começando por Jerusalém* (Lc 24, 47). E São João, num relato comovente, refere-nos a transmissão do poder e da graça para a salvação de todo o mundo e da grei do Senhor disseminada por todos os séculos: *Simão, filho de João, amas-me mais do que estes? Apascenta os meus cordeiros! Apascenta as minhas ovelhas!* (cf. Jo 21, 15).

Estes textos provam sobejamente como era grande a preocupação pela salvação do mundo que palpitava no coração do Mestre naqueles últimos momentos da sua permanência entre os homens. Esse é o primeiro pensamento que nos vem à mente ao vermos como Jesus, no instante em que retorna ao Pai, cuida de assegurar a evangelização do mundo por meio dos seus Apóstolos. Nesses homens, e através deles, o Senhor continuará a realizar a sua obra redentora.

Mestres, pastores e sacerdotes

Os Apóstolos são, pois, os Mestres do mundo. Não são simples filósofos cujas doutrinas não exijam nenhum compromisso, nem pregadores que suscitem apenas um movimento de curiosidade. São os anunciadores oficiais dos segredos da vontade de Deus; têm poder para cativar o espírito humano e pô-lo ao serviço de Cristo (cf. 2 Cor 10). A grandeza dessa autoridade docente é-nos demonstrada pela própria história das seitas cristãs dos primeiros séculos, que procuravam conferir idoneidade aos seus erros citando escritos dos Apóstolos, muitas vezes apócrifos. Os

Evangelhos, os Atos e as Epístolas autênticos, escritos pelos diversos membros do Colégio Apostólico, provam que naqueles tempos só se reconhecia como verdade cristã o que houvesse saído dos lábios de algum dos Apóstolos.

Os Apóstolos são os pastores dos povos. Porque o Mestre não lhes confiou somente a pregação da Boa-Nova, mas também a tarefa de fazê-la frutificar. Detêm o impressionante poder de atar e desatar as consciências: *Em verdade vos digo*: *Tudo o que ligardes sobre a terra será ligado no céu; e tudo o que desligardes sobre a terra será desligado no céu* (Mt 18, 18). Os escritos apostólicos dão-nos numerosos testemunhos de que aqueles bons pescadores e camponeses da Galileia não vacilaram em fazer uso desse poder. Ataram e desataram, estabeleceram leis e castigos, julgaram e sentenciaram. Pedro anatematizou

Ananias, Safira e Simão o Mago, e abriu a porta do céu aos pagãos; Paulo excomungou um coríntio desonesto (cf. 1 Cor 5, 1ss.), disciplinou o serviço divino e estabeleceu o modo conveniente de as mulheres assistirem às cerimônias no templo (cf. 1 Cor 11, 1ss.); e todos os outros agiram de modo semelhante. Todos se mostraram pastores responsáveis pelo seu rebanho diante do Mestre.

Os Apóstolos são os sacerdotes dos povos. Não se dirigem ao mundo levando apenas as Escrituras e o cajado do pastor, mas também o cálice transbordante do Sangue de Cristo; não trazem somente as chaves que fecham ou abrem, mas vêm com as mãos dispostas a batizar e a abençoar. Foi-lhes confiado um poder sobre-humano sobre a mais íntima santidade das almas. O próprio Mestre lhes dissera: *Batizai todos os povos*

(Mt 28, 19). *Recebei o Espírito Santo. Àqueles a quem perdoardes os pecados, ser-lhes-ão perdoados. Àqueles a quem os retiverdes, ser-lhes-ão retidos* (Jo 20, 22-23). E dissera também estas palavras ainda mais veneráveis e santas: *Este é o meu corpo, este é o meu sangue. Fazei isto em memória de mim* (cf. Mc 14, 22ss.; Lc 22, 19ss.).

Um antigo escritor oriental exprime essa santificação dos povos pelos Apóstolos mediante estas palavras maravilhosas: "A Palestina recebeu a bênção sacerdotal das mãos do Apóstolo Tiago. A Ásia recebeu a bênção sacerdotal das mãos do Apóstolo João. Roma recebeu a bênção sacerdotal pelas mãos dos Apóstolos Pedro e Paulo." E São Paulo afirma o mesmo ao escrever aos Coríntios: *Assim todos nos considerem como ministros de Cristo e dispensadores dos mistérios de Deus* (1 Cor 4, 1).

A missão apostólica! O espetáculo daquele grupo de homens no alto de um monte da Galileia ao redor de Jesus, momentos antes da sua última despedida, resplandece pela sua comovedora simplicidade. E, no entanto, como são incomensuráveis e infinitas as perspectivas que se abrem a partir desse lugar e desse momento até aos confins do espaço e do tempo e pelo céu, até às mais íntimas profundezas da Santíssima Trindade!

A missão dos Doze é a reafirmação e a continuação das missões divinas para a salvação da humanidade. O próprio Senhor compara essa missão à sua e a do Espírito Santo, colocando-as no mesmo nível. *Assim como o Pai me enviou, também eu vos envio a vós* (Jo 20, 21). *O Espírito de verdade [...] dará testemunho de mim. E vós também dareis testemunho* (Jo 15, 26-27). O que a divina Providência planejou e realiza através do Filho e do Espírito Santo, continua a realizá-lo através dos Apóstolos.

Os Apóstolos são, pois, o prolongamento do braço de Deus. São os contrafortes das montanhas eternas de onde nos vem a salvação. São as praias da humanidade, onde vêm quebrar-se as ondas da misericórdia divina. Nada nos vem do Pai senão através do Filho; nada nos vem do Filho senão através dos Apóstolos.

E o Filho os enviou ao mundo inteiro para que, como os navios de grande tonelagem, por fim regressassem a Ele carregados com todos os povos da terra, depois de terem percorrido todos os litorais do mundo. O Filho deu-lhes poder sobre toda a carne, tal como o Pai, por sua vez, o dera ao Filho. Como vitoriosos conquistadores, terão de estender o seu poder e ganhar para Cristo povos e mais povos, até completar-se o ciclo da história da Salvação, quando conquistadores e conquistados retornarão a Cristo, e todos, com Cristo, voltarão para o Pai. *E, quando tudo lhe estiver sujeito, o próprio Filho estará sujeito àquele que lhe sujeitou todas as coisas, a fim de que Deus seja tudo em todas as coisas* (1 Cor 15, 28).

Poder e serviço

Mas ainda não dissemos tudo. Resta-nos fazer uma observação essencial, muitas vezes esquecida. O poder dos Apóstolos é certamente extraordinário e atinge um grau inaudito, conforme diz o próprio Evangelho, mas somente lhes foi conferido para que o exercessem como um *serviço*. O Mestre interpretou-o de maneira estrita, como se quisesse evitar as pretensões que pudessem nascer da missão apostólica:

Os reis das nações dominam sobre elas, e os que têm autoridade sobre elas gostam de ser chamados benfeitores. Não seja assim entre vós, mas o que entre vós for o maior, faça-se como o menor, e o que governa seja como o que serve (Lc 22, 25-26).

Cristo reconhece-os como os "maiores", mas quer que sejam como os "menores". Deseja fazer deles os seus representantes oficiais, mas somente para que sirvam, e na verdade essa tarefa é com muita frequência o mais duro dos serviços. É ao Apóstolo São Pedro, colocado por Ele no ápice do colégio dos Doze, que inculca mais profundamente este seu ensinamento. Não o escolheu para dominar, mas para vigiar; não lhe deu súditos para governar, mas ovelhas para guardar amorosamente.

Percebemos até que ponto este ensinamento calou fundo no coração simples de Pedro, quando o vemos escrever humildemente, muitos anos mais tarde, aos prelados das primeiras comunidades cristãs: *Aos presbíteros que estão entre vós, exorto-os como presbítero que sou como eles [...]: apascentai o rebanho de Deus que vos está confiado, tende cuidado dele, não constrangidos, mas de boa vontade, segundo Deus; não por amor de lucro vil, mas por dedicação* (1 Pe 5, 1-2). E também São Paulo exprime a mesma íntima convicção de que toda a autoridade apostólica se destina somente ao serviço da comunidade: *Todas as coisas são vossas: Paulo, Apolo, Cefas [...], mas vós sois de Cristo, e Cristo de Deus* (1 Cor 3, 22-23).

Os exemplos arrastam mais do que as palavras. Na Última Ceia, o Mestre, com um gesto súbito, inesperado e genial, quis dar a entender aos Doze qual era o sentido da sua vida e da deles. O lava-pés é de uma importância tão transcendental quanto a instituição do primado de Pedro. Esse ato da vida de Cristo ilumina com luz própria o trabalho sobre-humano dos Apóstolos e situa no seu devido lugar a Hierarquia do Reino de Deus sobre a terra.

Os Apóstolos, mudos de assombro, contemplam o Mestre: Jesus apresenta-se diante deles como um escravo, trazendo uma bacia nas suas poderosas mãos, essas mãos que acalmavam tempestades, expulsavam demônios e, no dia seguinte, num último ato de amor, haveriam de crispar-se ensanguentadas. Dobra humildemente os joelhos e prostra-se diante deles. Ouve-se apenas o barulho da água e o bater dos corações. Foi lavando os pés de todos, um por um, mesmo os do traidor.

Este exemplo era tão inaudito que necessitava de um esclarecimento divino: *Depois que lhes lavou os pés, tomou o manto e, tendo voltado a pôr-se à mesa, disse-lhes: Compreendeis o que vos fiz? Vós me chamais Mestre e Senhor e dizeis bem, porque o sou* (Jo 13, 12-13). Nunca, em todo o transcorrer do relato evangélico, Cristo reclamara tão solenemente para si o seu direito ao título de Mestre; e nunca foi tão Mestre como aqui, aos pés dos seus discípulos. Agora, ensina-lhes a última lição, uma lição que jamais poderão esquecer: todo o poder — até mesmo o poder humano-divino de Cristo! — está destinado a servir. *Eu vos dei o exemplo, para que, como eu vos fiz, assim façais vós também. Em verdade, em verdade vos digo: não é o servo maior do que o seu senhor, nem o enviado maior do que aquele que o enviou. Se compreendeis estas coisas, bem-aventurados sereis se as praticardes* (Jo 13, 15-17).

O CUMPRIMENTO

A dispersão dos Doze

Quando se apaga o círio pascal, símbolo de Cristo, depois do canto do Evangelho na missa solene do dia da Ascensão, parece que se estende sobre a terra um véu de tristeza e tudo fica envolto em trevas. A luz que viera do Pai ao mundo volta a deixar o mundo e retorna à claridade eterna. O que terão sentido os Apóstolos naquela hora? O relato sagrado no-lo diz numa frase comovente e cheia de encanto humano: *Acompanhavam-no com os olhos enquanto Ele ia subindo aos céus* (At 1, 10).

Mas o Senhor não os tinha chamado para que olhassem para o céu, e sim para que olhassem para a terra. Dois anjos vieram recordar-lhes que agora deviam empreender o caminho apostólico apontado pelo seu Mestre: *Homens da Galileia, que fazeis olhando para o céu? Esse Jesus que vos foi arrebatado para o céu, virá do mesmo modo que o vistes subir para o céu* (At 1, 11). E nesse período de tempo, longo ou curto, que medeia entre a primeira e a segunda vinda de Cristo, os Apóstolos terão de continuar e ampliar a obra do Senhor e de recolher a messe dos séculos. Eles são as constelações de estrelas que, após o pôr-do-sol do mundo, deverão brilhar sobre a humanidade com uma formosura inigualável. Quando no dia de Pentecostes recaíram sobre eles os raios luminosos do Espírito Santo, esses astros acenderam-se e brilharam.

Compõem um novo firmamento que, como a noite serena e estrelada, entoa os seus hinos em honra do Eterno e canta as obras das suas mãos.

O livro das Sagradas Escrituras que encerra o relato evangélico, os *Atos dos Apóstolos*, faz-nos esperar uma narração dos atos e do destino de todos os Apóstolos. Muitas pessoas começaram a lê-lo com essa esperança. Mas esse título, que data de fins do século II, não é totalmente exato. A razão é que essa História dos "atos" dos Apóstolos — *Praxeis* ou *Acta Apostolorum*, conforme o título soa em grego e em latim — conta somente os atos, e não todos, de São Pedro em primeiro lugar e, em segundo lugar, de São Paulo. Dá notícias de São João, dos dois Tiagos, de Matias e do traidor. Sobre os outros Apóstolos, guarda um silêncio absoluto. A sua finalidade parece resumir-se em informar a respeito do estabelecimento e dos primeiros passos da vida da Igreja no mundo pagão.

É uma pena que haja essa lacuna no relato histórico da fundação da Igreja. A inesperada conclusão do livro faz-nos pensar que São Lucas pretendia escrever uma segunda parte da sua história, mas os acontecimentos sucediam-se sem interrupção, as notícias sobre os Apóstolos vinham de fontes cada vez mais dispersas, e sobretudo, sob o reinado de Nero, a perseguição do Império romano contra o cristianismo era demasiado intensa e vasta para que Lucas pudesse dar-nos de tudo isso uma rápida impressão de conjunto.

Um terceiro livro de São Lucas teria podido relatar-nos uma impressionante sucessão de atos heroicos, já que cada um dos Doze contribuiu de uma maneira prodigiosa para a cristianização do mundo. Estamos acostumados a ver São Paulo destacar-se de todos os outros, e certamente trabalhou mais do que todos. Mas um avanço tão rápido em todas as frentes, como foi o do cristianismo, não poderia ter sido obra de uma só pessoa; cada um desses doze homens pôs as suas mãos e o seu coração totalmente a serviço de Cristo. A divina Providência quis que só chegasse ao nosso conhecimento a obra do maior deles, pois isso bastava para a nossa edificação e conhecimento. Os trabalhos, as lágrimas e os martírios dos outros Apóstolos teriam por testemunha unicamente o Pai, que vê no íntimo do coração.

A própria Tradição nos oferece muito poucos dados sobre a missão e o destino de cada um dos Apóstolos. Possuímos notícias autênticas de Pedro, Paulo, João e Tiago o Menor. Mas não sabemos ao certo se todos padeceram o martírio. O gnóstico Heráclito, que viveu na segunda metade do século II, afirma que Filipe, Mateus e Tomé morreram de morte natural.[1]

Segundo a mais antiga tradição, os Apóstolos trabalharam de sete a doze anos em Jerusalém e arredores, antes de se lançarem à missão universal. Essa informação é digna de crédito, já que o próprio Senhor havia indicado as etapas em que se desdobraria a pregação dos Apóstolos: *Sereis minhas testemunhas em Jerusalém, em toda a Judeia, na Samaria e até os confins da terra* (At 1, 8).

De acordo com a conhecida lenda da distribuição apostólica, os Apóstolos, no próprio dia da Ascensão, lançaram sortes e distribuíram entre eles as diversas partes do mundo, para evangelizá-las.

---

(1) Cf. Clemente de Alexandria, *Stromata*, IV, 9, 39.

Cada qual partiu para a missão que lhe correspondeu pelo sorteio, depois de ter recebido no dia de Pentecostes o dom de línguas necessário para a região a que estava destinado. Antes de se separarem, estabeleceram em comum as leis da Igreja — no Concílio Apostólico — e determinaram as verdades essenciais da fé mediante o Símbolo Apostólico, para o qual cada um dos Doze contribuiu com um dos artigos que o compõem.

Embora as notícias que a Tradição nos dá sejam demasiado imprecisas para cada caso particular, permitem-nos pelo menos determinar as grandes direções que os Apóstolos seguiram: a norte, para as costas do Mar Negro, Armênia e Cáucaso; a leste, para a Babilônia, Média e Pérsia, o que hoje corresponde ao Iraque e ao Irã; a oeste, por Éfeso e pela Grécia até Roma;

a sul, para o Egito e a Etiópia, e daqui provavelmente até a Índia. A maioria desses territórios estava fortemente povoada de judeus. Partindo da Palestina, os Doze não podiam esquecer as doze tribos da Diáspora que, como parte do povo escolhido e, portanto, com direito ao Messias, deviam receber as primícias da pregação.

Se as notícias dadas pela Escritura e pela Tradição são tão escassas e imprecisas, as que devemos aos escritos apócrifos são, pelo contrário, extremamente abundantes no que diz respeito a cada um dos Apóstolos. Dentre esses escritos, os mais notáveis foram a *História* ou os *Atos de Paulo*, a *Pregação de Pedro*, os *Atos de Pedro*, os *Atos de Pedro e Paulo*, e as *Histórias* ou *Atos* de André, de João, de Tomé e de Tadeu. Também os outros Apóstolos tinham os seus Atos apócrifos. Mas, embora todos esses documentos possuam algum valor histórico, é muito difícil distinguir entre o falso e o verdadeiro nesse emaranhado de verdades e ficções. O papa Leão Magno escrevia no ano 447: "Esses livros apócrifos, que circulam sob o suposto nome de algum Apóstolo, não só devem ser proibidos, mas queimados."

Para escrever a respeito do cumprimento da missão apostólica, não encontramos, pois, nenhum fundamento nos textos apócrifos. O que há de essencial encontra-se no próprio Evangelho e no mandato missionário do Senhor: *Ide, pois, e ensinai todas as gentes, batizando-as em nome do Pai, do Filho e do Espírito Santo, e ensinando-as a observar todas as coisas que vos mandei* (Mt 28, 19-20). E foi o que os Apóstolos fizeram. Onde, como e por quanto tempo são coisas conhecidas somente por Aquele que os recompensou generosamente pelo seu esforço.

Até o fim dos tempos

Os Doze foram morrendo um após outro: Tiago o Maior em primeiro lugar, e o seu irmão João em último. As suas vidas foram-se apagando diante da eternidade, como as estrelas desaparecem diante do amanhecer. Ficaria a comunidade cristã sem mestres, sem pastores, sem sacerdotes? Jesus é o seu Senhor, sem dúvida. É Ele quem ensina, apascenta e santifica os cristãos; é Ele quem os renova permanentemente por meio do Espírito Santo, que sopra onde quer. Mas se o próprio Cristo estabeleceu os Apóstolos como mestres e guardiães seguros da Igreja primitiva, por que não lhes prolongou a vida? Por acaso a cristandade tinha cada vez menos necessidade de um guia, à medida que se afastava do seu Fundador no tempo? Tinha o Senhor escolhido aquele punhado de homens do meio da multidão e do grupo dos discípulos, e conferido o primado a Pedro, somente por uma disposição ocasional, ou queria, pelo contrário, que fossem o fundamento secular da sua Igreja?

Se penetrarmos no sentido das palavras do Mestre, veremos como se estendem ao tempo e ao espaço. O mandato missionário termina de forma tão majestosa como consoladora: *Eu estarei convosco todos os dias, até o fim do mundo* (Mt 28, 20). Não diz quando será o fim do mundo. Pode ser amanhã ou dentro de um milhão de anos. Mas *todos os dias*, até o fim, Ele estará com os seus, com os que devem ensinar, batizar e apascentar os povos. Sempre, até o fim do mundo, eles serão os mestres, pastores e sacerdotes, e presidirão por mandato e poder do Senhor à Igreja de Cristo.

Com efeito, os Apóstolos foram personagens históricos que passaram por este mundo. Foram escolhidos, ensinados e enviados diretamente por Cristo: essa é a preeminência pessoal e intransferível de que desfrutam. Mas não receberam poderes tão-somente para si próprios, e sim para o bem da comunidade. Por conseguinte, enquanto essa comunidade subsistir, também terão de subsistir os poderes de ensinar, batizar, apascentar, atar e desatar. O trabalho apostólico — *ensinai todas as gentes* — não terminou com a morte dos Doze; na verdade, esse trabalho não acabará *até o fim do mundo*.

Os próprios Apóstolos tinham consciência de estarem cumprindo os desígnios do Mestre quando transmitiram os seus poderes: não os consideraram como privilégios pessoais, mas como dons recebidos em favor da Igreja. Bem cedo, em vista do crescimento do número dos discípulos e do aumento do trabalho apostólico, instituíram os Diáconos. A comunidade escolheu e apresentou alguns varões aos Apóstolos, que lhes *impuseram as mãos* (cf. At 6, 1 e segs.). Esta primeira seleção realizou-se indubitavelmente em vista das tarefas materiais de caridade, *para o cuidado das mesas*. Mas à medida que ia crescendo o número de comunidades na Samaria, em Jope e em Antioquia, esses auxiliares tiveram de ocupar-se também de tarefas espirituais, da pregação oficial da Palavra de Deus e da direção das comunidades dispersas. Assim, enviou-se Barnabé a Antioquia (cf. At 11, 22), o qual, por sua vez, escolheu São Paulo para ajudá-lo na sua rica colheita.

Por meio de Paulo, a cristianização avançou rapidamente rumo à Grécia, Éfeso e Roma. As comunidades por ele fundadas mostram-nos claramente como estavam organizadas: não eram grupos isolados e independentes, mas igrejas submetidas à direção do Apóstolo e, através dele, à Igreja-Mãe de Jerusalém. Em cada uma delas, São Paulo estabeleceu desde o princípio "presbíteros-anciãos", homens provados e de confiança que, sob a sua guia e autoridade, o representavam no cuidado dos fiéis. Encontramo-los não só nas comunidades paulinas, mas igualmente em Jerusalém, prova de que Paulo organizava as suas comunidades segundo o padrão da Igreja-Mãe.

Estes "presbíteros", porém, não eram apenas um grupo seleto constituído por pessoas com igual nível de autoridade. Havia um "intendente" que os dirigia a todos. Das cartas a Tito e a Timóteo, deduzimos que estes dois discípulos do Apóstolo tinham também a seu cargo a inspeção e a direção dos presbíteros: *Deixei-te em Creta para que [...] estabeleças anciãos* (presbíteros) *nas cidades* (Tt 1, 5); *Não te apresses a impor as mãos a ninguém* (1 Tm 5, 22). Estes líderes deveriam ocupar o lugar do Apóstolo durante as suas longas ausências, e mais tarde, depois da sua morte, exerceriam o poder e a autoridade apostólicas que o próprio Paulo tinha exercido sobre a comunidade: eram os bispos.

É, pois, um erro considerar o ofício apostólico como uma instituição passageira, válida somente para os primeiros tempos da Igreja (cf. 1 Cor 12, 18-30 e Ef 4, 11-14). Os escritos do Novo Testamento e os mais antigos documentos eclesiásticos — como a Epístola de Clemente e as de Santo Inácio Mártir, todas de fins do século I — provam que o ministério apostólico, ou seja, a instituição destinada a dirigir e governar a Igreja com poder e autoridade, era o fundamento essencial e básico da Igreja. Não se limitava nem se circunscrevia a uma época e a um lugar, mas estabelecia-se para sempre e para toda a Igreja.

Um longo espaço de séculos nos separa dos Santos Apóstolos que são, na verdade, os nossos pais espirituais. *Ainda que tenhais dez mil preceptores em Cristo, não tendes todavia muitos pais* (1 Cor 4, 15), escreve São Paulo aos Coríntios. A luz e a vida de Cristo, que eles foram os primeiros a pregar ao mundo, chega até nós. Não nos entristeçamos quando o círio pascal se apagar no dia da Ascensão: a luz de Cristo não se extingue! Os Apóstolos transmitiram essa luz aos seus discípulos e estes aos seus, até chegar a nós através dos séculos e até chegar ao fim dos tempos. Por quantas mãos distintas já passou essa luz! Pelas mãos simples de Pedro e pelas enérgicas de Paulo; pelas majestosas de João e pelas ásperas de Filipe; pelas lustrosas de Bartolomeu e pelas zelosas de Tomé. Devemos a todos eles o nosso mais profundo reconhecimento. Também para nós, para a grei que hoje se aproxima dos seus pastos, o Senhor preparou mestres, pastores e sacerdotes. Porque é Ele quem, pelos lábios desses homens, nos dirige palavras de vida eterna; é Ele quem realiza, por meio dos pobres braços desses homens, a maravilha da nossa salvação; é Ele quem cuida de nós com amor divino por meio desses corações. Todas as estrelas refletem o seu esplendor, todos os mares o cantam, todos os céus o louvam.

Jesus Cristo não está só!

Só Tu és Santo!
Só Tu o Senhor!
Só Tu o Altíssimo!
Jesus Cristo!
Com o Espírito Santo, na glória de
Deus Pai!

A RAINHA

São Lucas, nos Atos dos Apóstolos, mostra-nos Maria no meio dos Onze. Foi naquelas horas que se seguiram à Ascensão, quando os olhos de todos ainda estavam cheios de um celeste resplendor e de uma profunda nostalgia; foi naqueles dias transbordantes de graça que precederam a segunda vinda do Espírito Santo ao mundo para uma nova criação, quando *os Apóstolos voltaram para Jerusalém, do monte chamado das Oliveiras que está perto de Jerusalém, à distância da jornada de um sábado. Logo que chegaram, subiram ao cenáculo, onde se encontravam Pedro, João, Tiago, André, Filipe, Tomé, Bartolomeu, Mateus, Tiago, filho de Alfeu, Simão o*

Zelote, e Judas, irmão de Tiago. Todos perseveravam unânimes na oração, com as mulheres e com Maria, mãe de Jesus, e com os irmãos dele (At 1, 12-15).

Maria, a Mãe de Jesus! Ela foi naqueles momentos como o anel de ouro que uniu maternalmente esses homens desconcertados, aos quais o Senhor tinha sido arrebatado e que ainda não haviam recebido o Espírito Santo. A sua silenciosa e sagrada presença, imediatamente antes do nascimento da Igreja, é como uma doce promessa de que a futura Igreja, mesmo quando estiver confiada ao cuidado e à direção daqueles homens, será Mãe, porque Maria, a Mãe de Jesus, está com eles.

Nossa Senhora Rainha

A ladainha atribui a Nossa Senhora o título de "Rainha dos Apóstolos". Ela certamente sorrirá se eu ousar afirmar que esse título me parece demasiado pomposo. Ela mesma se designou, no preciso momento em que surgia no Evangelho, como a *Serva*, e foi como serva que se entregou a Deus, não como Rainha. Permaneceu fiel a essa atitude ao longo de todo o Evangelho, até os últimos momentos gloriosos da presença do seu Filho na terra. É totalmente impossível, portanto, que Maria, após a partida do Senhor, tenha assumido no Colégio Apostólico a atitude dominadora e senhorial de uma Rainha-mãe. Em todo o livro dos Atos dos Apóstolos, só é nomeada uma única vez, justamente na passagem que citamos, ao lado das outras mulheres e dos "irmãos do Senhor".

Não podemos, pois, desconhecer que Maria ficou totalmente nas sombras de um segundo plano. Em nenhuma ocasião ou circunstância quis assumir o papel de guia ou simplesmente de conselheira. Não é Ela quem deve presidir, mas Pedro. Não toma a palavra nem faz milagres, e tampouco se lança com a Boa-Nova pelo mundo: são os Apóstolos que devem fazê-lo. Maria cumpriu desde o princípio o que Paulo, numa observação quase involuntária, ordena às mulheres que assistem às assembleias litúrgicas: *As mulheres estejam caladas na igreja* (1 Cor 14, 34). Maria, Rainha dos Apóstolos? Maria toma o seu lugar no círculo dos Apóstolos de maneira tão despretensiosa e simples que bem se poderia perguntar em que é que se apoia a sua realeza.

É muito significativo para a nossa fé que Lucas cite Maria imediatamente depois de o Senhor se ter separado dos Apóstolos. Tendemos a pensar num rebanho que se reúne tristemente em torno do refúgio do qual o seu pastor partiu.

As palavras de despedida de Jesus fazem suspeitar que aqueles homens se encheram também de uma doce tristeza após a ida do seu Mestre para o céu: *Não se perturbe o vosso coração [...]; o vosso coração está agora cheio de tristeza* (Jo 14, 1 e 16, 6). O relato de Lucas manifesta-o claramente: *Acompanhavam-no com os olhos enquanto Ele ia subindo para os céus*, até que dois anjos os fizeram voltar à dura realidade deste mundo (cf. At 1, 10-11). Como se lhes tornara frio e tenebroso este mundo sem o seu Mestre! Mas ainda brilhava sobre eles um crepúsculo consolador: Maria! Maria é a aurora e é o crepúsculo do amor de Cristo. Aqueles homens desamparados agruparam-se em torno dEla como os desterrados ao redor das últimas recordações da pátria, como os homens perdidos na noite em torno de uma fogueira. No porte da Virgem refletia-se a nobreza do Senhor, e nos seus olhos brilhava a doce bondade do seu Filho.

Maria era afetuosamente amada por esses homens. O seu Filho tinha-a confiado a João no Calvário e, em João, a todos os outros que naquela hora não estavam presentes. Ela, por seu turno, conhecia-os pessoalmente a todos, e mais profundamente ainda pelo que o seu Filho lhe contara, porque um filho fala com frequência à sua mãe dos amigos que traz no coração. Ela conhecia aqueles dois honrados filhos de João, Pedro e André, e aqueles outros dois irmãos ambiciosos e ardentes, Tiago e João. Conhecia o prosaico Filipe e o seu simpático amigo Bartolomeu. Conhecia o sereno Mateus, e Tomé, que fora tratado mais duramente pela vida do que os outros. Conhecia Tiago e Simão, e Tadeu, os "irmãos de Jesus" e companheiros da sua infância. E conhecera também Judas, por quem tinha chorado e rezado muitas noites.

Os relatos apócrifos, alguns dos quais provêm do século II, narram que os Apóstolos vieram de todas as partes do mundo, milagrosamente avisados e conduzidos, a fim de se reunirem pela última vez junto ao leito de morte de Maria. É uma lenda piedosa que, no entanto, reflete também o pensamento corrente entre os fiéis de que havia um relacionamento de íntima confiança entre Maria e os Apóstolos.

Quantas vezes, com efeito, os Apóstolos não terão recorrido a Maria! A Ela recorreu certamente o arrependido Pedro, e junto dessa silenciosa e santíssima mulher sentiria pesarem-lhe menos a carga e a dignidade da jovem Igreja. Em busca de Maria viria Tiago, pois Ela morava na casa do seu irmão João, e terá sido Ela quem o recolheu maternalmente em seus braços quando, dentre os Apóstolos, foi o primeiro a sofrer o martírio. Com Maria teria João desentranhado a profundidade das palavras que ouvira do Senhor, nelas encontrando aspectos sempre novos. O próprio Paulo talvez tenha ido visitar Maria naqueles quinze históricos dias em que permaneceu ao lado de Cefas (cf. Gl 1, 18); ele, que em todas as cartas não cita uma única vez a sua própria mãe, encontra, no entanto, uma palavra para Maria, a mãe de Jesus (cf. Gl 4, 4).

No entanto, os vínculos que uniam Maria e os Apóstolos eram mais estreitos que os da piedade. Maria pertence ao tesouro da fé que nos é oferecido pelos Apóstolos. O seu nome vibra gloriosamente no Símbolo apostólico: "Foi concebido pelo Espírito Santo; nasceu da Virgem Maria." Todos os músicos que compuseram missas põem neste

"*Incarnatus ex Maria Virgine*" os acentos da mais radiante formosura, da mais profunda intimidade, os matizes mais sensíveis. Diante dessas palavras, sentimo-nos surpreendidos e como que transportados da aridez da terra para as proximidades de Deus.

É que precisamente nessa passagem do Credo se nos revela o Deus altíssimo elevando nos braços do amor a nossa pobre humanidade. Aqui, no mistério da Encarnação, Deus e o homem se abraçam tão intimamente como em nenhum outro mistério da nossa fé. A Encarnação, porém, ocorreu em "Maria Virgem". Maria apresenta-se, portanto — como parece indicar o lugar extraordinário que ocupa no Credo —, no meio, no coração, no cume da fé cristã. Na confissão da fé, o trono de Maria ergue-se ao lado do trono do seu Filho. Não é esta elevação algo real e majestoso?

Só em princípios do século VI é que encontramos completo o texto do chamado Símbolo dos Apóstolos.[1] Mas tudo o que se exprime nos concisos artigos dessa fórmula de fé tem o seu fundamento nos Apóstolos, incluído o versículo que se refere a Maria. Leiam-se os Evangelhos, principalmente os de Mateus e Lucas, e neles se encontrará desenvolvido tudo o que o Símbolo dos Apóstolos compendiou e resumiu numa fórmula só (cf. Mt 1, 18-25 e Lc 1, 26-38).

Os Evangelhos decantaram a pregação apostólica. Mateus, Lucas e o próprio Paulo, na sua breve observação sobre Maria, nada mais fizeram do que pôr por escrito os ensinamentos orais de todos os Apóstolos. Certamente, Maria não foi o tema fundamental da pregação dos Apóstolos, e sim Cristo: *Nós pregamos Cristo*

---

(1) Altaner, *Patrologia*.

(1 Cor 1, 23). Mas não podiam anunciar Cristo, como provam os próprios Evangelhos, sem dizer ao menos uma palavra a respeito de Maria. Ou seja, Maria não foi coroada por nenhum Papa, por nenhum Concílio, nem mesmo pelo entusiasmo do povo fiel, mas pelos próprios Apóstolos, com a dupla coroa real da sua virgindade e da sua maternidade divina: *O Espírito Santo descerá sobre ti e a virtude do Altíssimo te cobrirá com a sua sombra; por isso, o Santo que de ti há de nascer será chamado Filho de Deus* (Lc 1, 35).

Todas as decisões dogmáticas dos séculos posteriores a respeito de Maria são apenas jubilosos descobrimentos de novas belezas nessa coroa magnífica com que os Apóstolos a cingiram. Todas as construções, todas as imagens e todos os livros, além das centenas de milhares de hinos e cânticos em honra da Santíssima e amada Senhora, e todo o amor que brota nos nossos corações ao ouvirmos o seu nome, tudo isso é apenas o eco impetuoso e sonoro da singela pregação dos Apóstolos: "Nasceu da Virgem Maria." Desta forma, os próprios Apóstolos ergueram um trono a Maria no Símbolo da nossa fé.

Não é atrevimento supor que os Apóstolos foram mais discípulos do que mestres de Maria. Eles estiveram três anos na escola de Jesus, mas Maria esteve trinta junto da própria fonte da Revelação, e, no longo e íntimo período da vida oculta, foi conduzida pelo seu Filho à mais profunda compreensão dos mistérios de Deus. O próprio Evangelho afirma expressamente duas vezes que Maria era fiel e dócil discípula de Jesus: *Maria conservava todas estas coisas, meditando-as no seu coração*

(Lc 2, 19 e 51). Portanto, Maria foi para os Apóstolos a portadora da revelação, a depositária e mestra da sua fé. Tinha muitas coisas a dizer-lhes, coisas que os Apóstolos não conheciam nem por experiência pessoal nem por as terem ouvido dos lábios de Jesus. Os Evangelhos, nos detalhes que narram em algumas passagens, revelam facilmente esta influência de Maria.

Não queremos exagerar nem procurar diminuir a importância fundamental do Espírito Santo na formação dos Apóstolos. Não foi Maria, mas o Espírito Santo quem o Senhor enviou para dar aos Apóstolos o conhecimento e a compreensão da fé: *O Paráclito, o Espírito Santo, que o Pai enviará em meu nome, vos ensinará todas as coisas e vos recordará tudo o que vos tenho dito* (Jo 14, 26 e 16, 13). No entanto, um devoto escritor mariano da Idade Média faz notar, com razão, que o Espírito Santo habitou também em Maria, de forma mais pronta, mais ardente e mais formosa do que nos Apóstolos.[2] Na Encarnação, Maria encontra-se sob a sombra do Espírito Santo, mas no dia de Pentecostes encontra-se ao lado dos Apóstolos sob o seu fogo. O que os Apóstolos chegaram a conhecer pela iluminação do Espírito Santo, Maria recebeu-o no mesmo Espírito Santo de maneira incomparavelmente mais perfeita e clara, por experiência imediata.

Embora não fosse missão sua ensinar publicamente os Apóstolos, embora se tivesse mantido virginal e maternalmente oculta, aqueles homens, eleitos para serem mestres dos povos, recorriam àquela nobre e prudente Mulher que recebera do Espírito Santo mais

---

(2) Eadmer, *De excell. B.M.V.*, 7 (ML 159, 571).

graças e mais dons do que todos eles. Que imagem tão amável e tão sublime ao mesmo tempo! Maria escutava humildemente, como uma entre tantos, a pregação dos Apóstolos, disposta a receber novamente a palavra de Deus. E os Apóstolos congregavam-se em torno de Maria para ouvir as suas palavras com a gozosa veneração com que se recebem os primeiros raios do sol nascente. Salve, Rainha! Rainha dos Apóstolos!

Maria Medianeira

Ao pensarmos detidamente no título de "Rainha dos Apóstolos", descobrimos um terceiro e último fundamento. O Apóstolo João, o Evangelista místico, só mostra a intervenção de Maria em dois episódios, mas em dois episódios especialmente significativos. Ambos encerram um profundo mistério, além do sentido histórico imediato. São as cenas de Caná e do Calvário. Em Caná, Maria foi intermediária da graça do seu Filho; no Calvário, cooperou para merecê-la.

Nas bodas de Caná, com a sua delicada súplica e pela humildade com que recebeu a resposta de Jesus, aparentemente evasiva, Maria obrigou-o a fazer o seu primeiro milagre (cf. Jo 2, 1-11). Em Caná, Maria encontra-se entre a onipotência do seu Filho e a impotência dos homens, e o seu coração maternal leva-a a compensar esta impotência com aquela onipotência. Esta posição de intermediária entre Jesus e a humanidade é uma característica fundamental em Maria, que já percebemos no mistério fundamental da Encarnação; a graça divina que recebeu na Encarnação, por intermédio do Espírito Santo, não lhe foi confiada como algo exclusivamente seu, mas como algo destinado a todos nós. Com efeito, vemos desde o primeiro momento a Escrava do Senhor comunicar a graça que lhe foi confiada: à sua prima Isabel, aos pastores, aos Magos, ao velho Simeão.

Ela é a primeira, a silenciosa e a grande intermediária entre o seu Filho e a humanidade, e não faz mais do que cumprir essa missão quando, por ocasião desse importantíssimo episódio da vida de Jesus que foi a sua primeira manifestação pública, aparece como medianeira. Por isso a Liturgia, e com ela os mais antigos documentos eclesiásticos, saúdam Maria com as altíssimas invocações que conhecemos: "Causa da nossa alegria", "Mãe da vida", "Mãe da divina graça", "Medianeira de todas as graças".

Tais expressões, e outras semelhantes, poderiam ser mal interpretadas, como se Maria fosse em si e por si a nossa salvação. Encontramo-nos, no entanto, muito longe de considerar que a Mãe de Deus tenha poder para nos elevar à graça sobrenatural, já que somente Deus possui esse poder. Da mesma forma, a distribuição das graças é direito exclusivo e próprio de Cristo, que Ele ganhou pela sua morte [...]. A fonte não é Maria, mas Cristo. Maria, porém, é o vínculo entre o Corpo (a Igreja) e a Cabeça (Cristo), pelo qual a Cabeça derrama a sua vida no Corpo.[3] Como Escrava e Medianeira da divina Misericórdia, trouxe-nos Cristo, nossa salvação, nossa vida e nossa graça.

Aqui, neste último e profundíssimo motivo, vê-se claramente como é íntima e estreita a relação entre Maria e os

---

(3) São Pio X, in R. Graber, *Die Marianischen Weltrundschreiben der Paepste in den letzten hundert Jahren*, 1951, p. 132ss.

Apóstolos. Porque a característica mais profunda e maravilhosa dos Apóstolos é serem os intermediários através dos quais Jesus Cristo faz chegar a sua graça à humanidade. Paulo exige, com uma espécie de santo orgulho: *Assim todos nos considerem como ministros de Cristo e dispensadores dos mistérios de Deus* (1 Cor 4, 1). Os Apóstolos não repartem apenas a palavra de Cristo, mas também o seu Sangue e o seu Pão, pois Cristo não é só *Verdade*, mas também *Vida* (cf. Jo 14, 6). Os Apóstolos teriam de levar aos homens a graça divina recebida do Espírito Santo, como o fizera Maria no mistério da Visitação. Maria não foi constituída, na economia da nossa salvação, dispensadora imediata dos mistérios sagrados, de modo que não lhe podemos conferir os títulos de "Apóstola" ou "Sacerdotisa". Não é Maria, mas Pedro, João e Tiago quem recebe, por todos os séculos, o título de Apóstolo. Foram eles os enviados a batizar, perdoar os pecados e repetir a Última Ceia do Senhor.

Maria, contudo, tem em seu poder, por assim dizer, as "talhas" das graças de Cristo. É o conteúdo dessas talhas sagradas, cheias até à borda, que os Apóstolos vão repartindo entre os convidados, a exemplo dos servos nas bodas de Caná: a água santa do Batismo e o vinho sagrado do Sangue de Jesus. Nem um só cálice da salvação distribuído pelos Apóstolos deixa de passar pelas mãos de Maria, nem de ser acompanhado pelo seu olhar repleto de bondade.

Mas João, no seu Evangelho, não escreveu apenas acerca de Caná; escreveu também a respeito do Calvário. No Calvário, Maria mereceu também a nossa redenção. Não no sentido de que o sacrifício cruento do seu Filho na Cruz tenha sido incompleto ou insuficiente: uma só gota do Sangue divino teria bastado para salvar milhares de mundos. No entanto, ninguém pode negar que o dolorosíssimo sacrifício que também Maria teve de oferecer ao pé da Cruz foi, para nós, igualmente salutar. Como o Pai Celestial, Maria, Mãe segundo a carne, entregou-nos o seu Filho Unigênito, demonstrando até que ponto amou o mundo.

Maria não se afasta da Cruz nem se revolta contra ela. Como naquela outra ocasião em que o Anjo lhe apareceu, pronuncia humildemente o seu *Fiat*, o seu "Sim". E este *Fiat* maternal cai como uma pétala aromática no cálice transbordante de amargura do seu Filho. Desta forma, Maria participou também do cálice de salvação que seria distribuído pelos Apóstolos.

Esse cálice sagrado exala a fragrância amável das suas mãos suplicantes e resplandece com as pedras preciosas das suas lágrimas e do sangue do seu coração. Maria, intimamente unida ao seu Filho, ofereceu ao Pai Eterno, juntamente com Cristo sobre o Gólgota, o sacrifício total dos seus direitos e do seu amor de mãe, como uma nova Eva, por todos os filhos de Adão condenados pelo pecado deste.[4]

É profundamente significativo que Lucas mencione Maria junto com os Apóstolos no dia de Pentecostes. Pentecostes foi a plenitude da obra redentora com que Maria cooperou maternalmente. E quem poderia duvidar de que, nessa ocasião, Ela foi a Mãe trabalhadora e silenciosa que prepara cuidadosamente a casa para receber o Grande Hóspede?

---

(4) Pio XII, Enc. *Mystici Corporis*.

Todos perseveravam unânimes na oração [...] com Maria, mãe de Jesus (At 1, 14). O fogo e a plenitude do Espírito que então desceu sobre Pedro, sobre João e sobre os apóstolos de todos os tempos, provinha também de Maria.

Maria, Rainha dos Apóstolos! Nas sepulturas das catacumbas do século III, encontram-se vasos com delicadas gravuras em ouro que representam Maria. Uma dessas antiquíssimas imagens marianas mostra Maria entre Pedro e Paulo. Maria entre os dois Príncipes dos Apóstolos! Eis o que a Antiguidade cristã expressou de um modo tão simples e que vem sendo confirmado e explicado pelo Magistério da Igreja.

Direção geral
Renata Ferlin Sugai

Direção de aquisição
Hugo Langone

Produção editorial
Juliana Amato
Gabriela Haeitmann
Ronaldo Vasconcelos
Roberto Martins

Capa
Gabriela Haeitmann

Diagramação
Sérgio Ramalho

ESTE LIVRO ACABOU DE SE IMPRIMIR
A 21 DE JUNHO DE 2024,
EM PAPEL OFFSET 75 g/m².